Este livro pertence a...

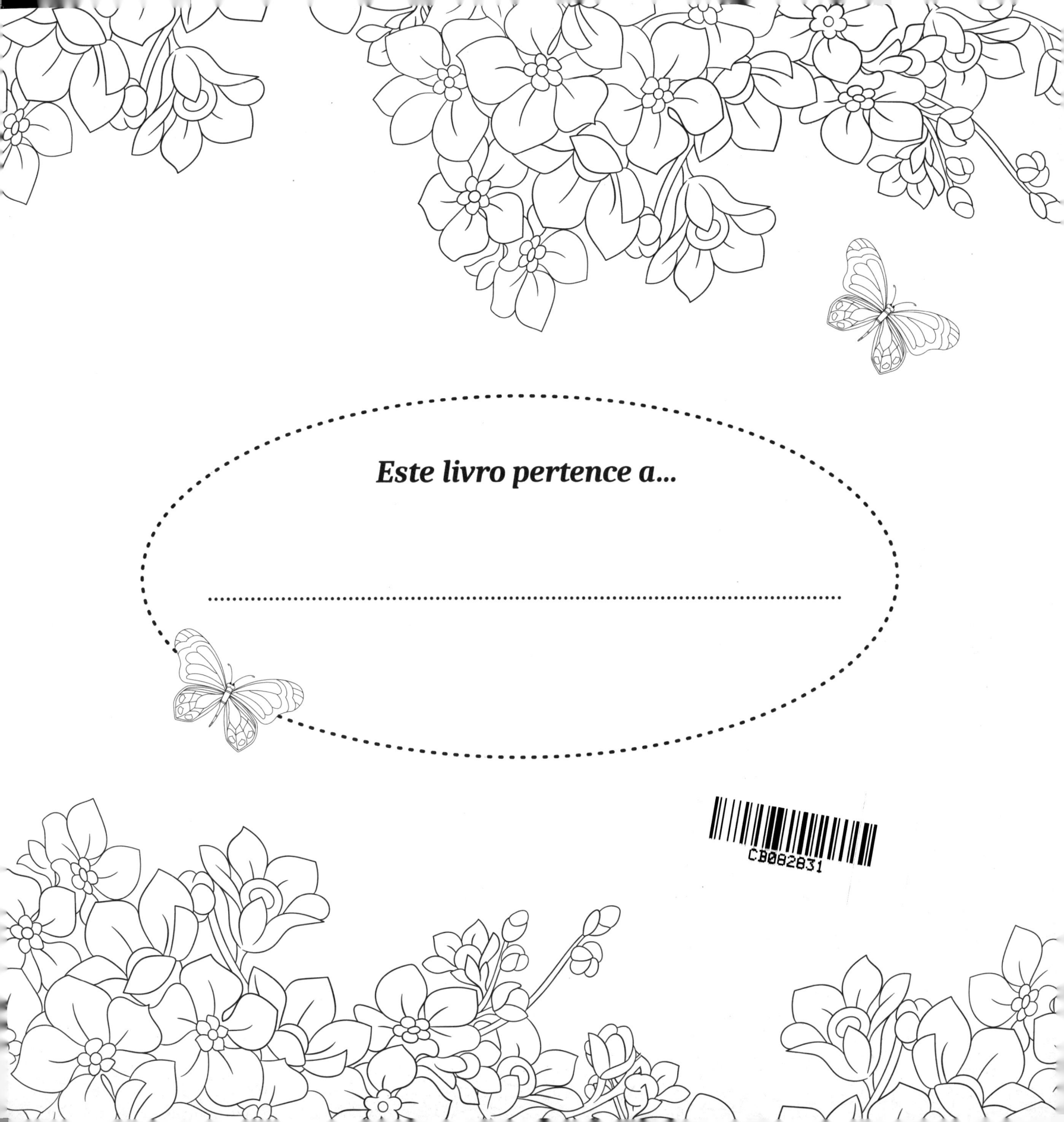

SBN EDITORA
Valores para uma vida inteira

Rodovia Jorge Lacerda, 5086 - Poço Grande
Gaspar - SC | CEP 89115-100

Ilustração:
Shutterstock

Revisão: Tamara B. G. Altenburg

IMPRESSO NA CHINA

Tua Graça me Inspira

Um livro para colorir e declarar a palavra de Deus.

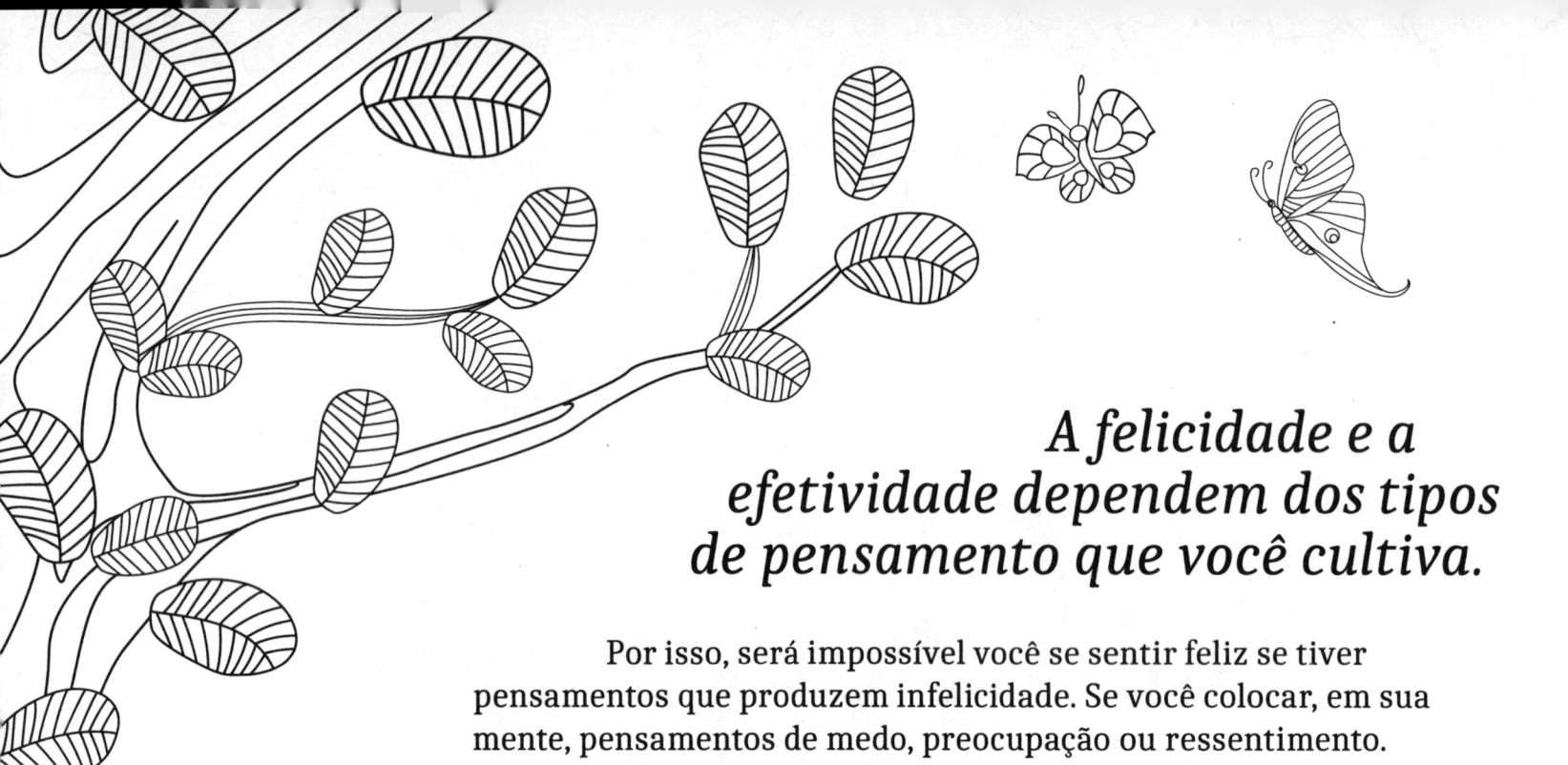

A felicidade e a efetividade dependem dos tipos de pensamento que você cultiva.

Por isso, será impossível você se sentir feliz se tiver pensamentos que produzem infelicidade. Se você colocar, em sua mente, pensamentos de medo, preocupação ou ressentimento.

Os pensamentos mais positivos e vitais são os da Bíblia, cujas palavras são vivas e têm um efeito transformador sobre as pessoas.

Assim, sugerimos a você, tanto pessoalmente como quando for aconselhar alguém, listar as palavras e as passagens geradoras de vida das Escrituras, decorá-las e incorporá-las em sua mente, para extrai-las quando necessário. Quando você passar a aplicá-las em si, descobrirá que essas palavras e passagens incríveis têm, de fato, tremenda efetividade sobre sua vida.

Você alcança melhores resultados consolidando positividade e repetição.

No caminho do trabalho, na hora do café, lavando a louça ou esperando por uma hora marcada... Use momentos como este para colocar isso em prática. A partir daí, novos discernimentos, novas percepções da verdade surgirão. Estas vão se aprofundar aos poucos na sua mente até que, logo, sua vida se tornará uma demonstração viva do poder de Deus!

Desafio PROCURE e ACHE:

Princípios Cristãos para uma Vida Feliz

Encontre e pinte os príncipios que estão escondidos ao longo das páginas deste livro. Depois, complete esta página de acordo com a referência de cada um:

.... - *Pois o Senhor é justo e ama a justiça; os retos verão a sua face. Salmos 11:7*

.... - *E conhecerão a verdade, e a verdade os libertará. João 8:32*

.... - *Se vocês me amam, obedecerão aos meus mandamentos. João 14:15*

.... - *Portanto, volte para o seu Deus; pratique a lealdade e a justiça, e confie sempre no seu Deus. Oséias 12:6*

.... - *Deem graças em todas as circunstâncias, pois esta é a vontade de Deus para vocês em Cristo Jesus. 1 Tessalonicenses 5:18*

.... - *Tudo o que fizerem, façam de todo o coração, como para o Senhor, e não para os homens. Colossenses 3:23*

.... - *Nada façam por ambição egoísta ou por vaidade, mas humildemente considerem os outros superiores a si mesmos. Filipenses 2:3*

Deixo-vos a Paz.

João 14:27

Deixo-vos a paz, a minha paz vos dou: não vo-la dou como o mundo a dá. Não se turbe o vosso coração, nem se atemorize. João 14:27

Sem um profundo estado interior de sossego, a pessoa se torna alvo de tensão, de preocupação e de má saúde. Uma canção, um pôr do sol, a luz do luar, o mar batendo na praia — todos proporcionam um bálsamo curativo, mas lhes falta poder para penetrar os recantos internos da alma. É preciso um esforço profundo para obter tranquilidade. Uma repetição habitual desse texto vai, com o tempo, permear a sua mente com uma completa sensação de paz. Quando estiver tenso ou inquieto, sente-se calmamente e deixe essas palavras fluirem pelos seus pensamentos. Imagine-as como um bálsamo curativo se espalhando pela sua mente.

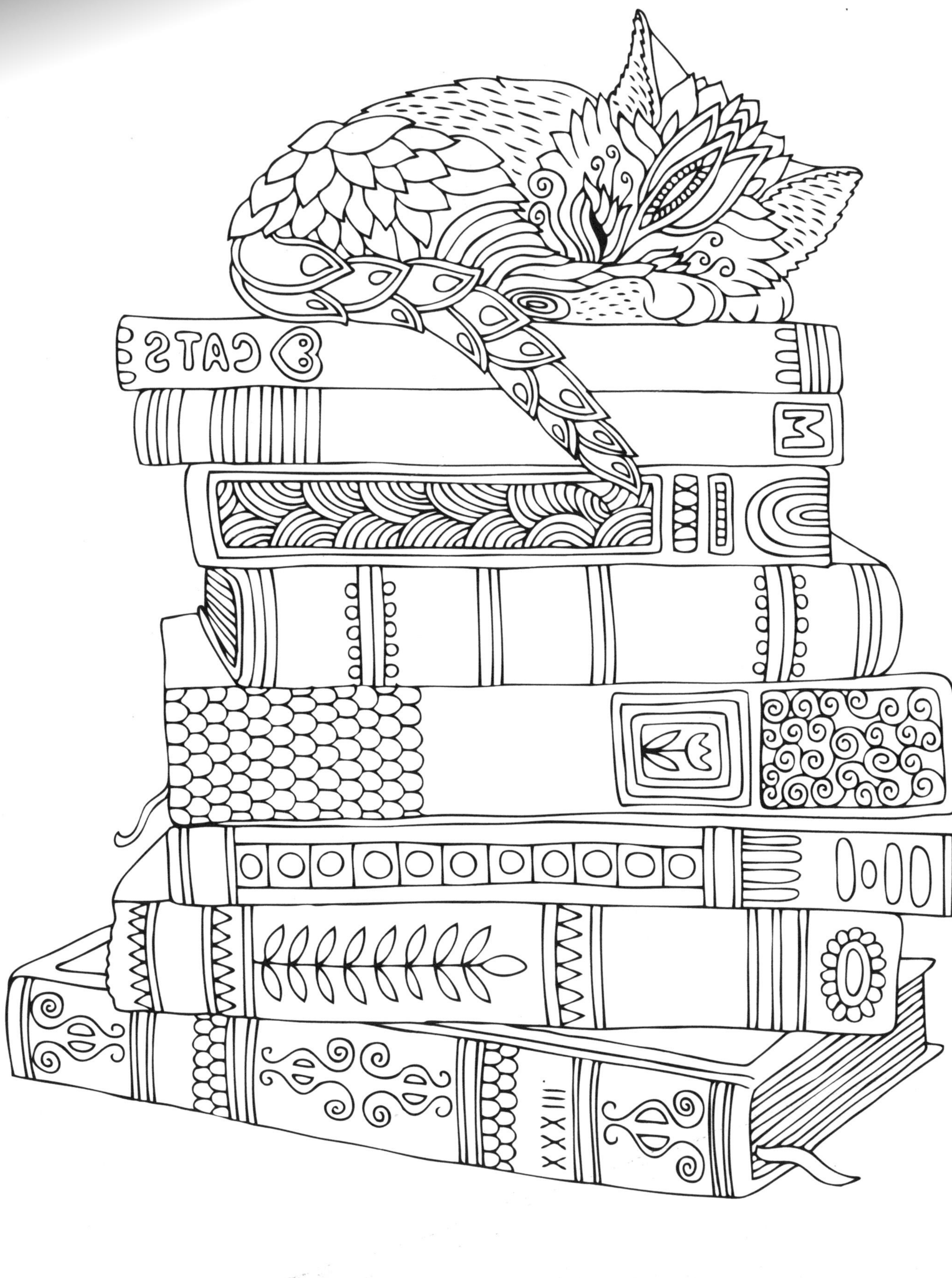

Tudo posso naquele que me fortalece.

Filipenses 4:13

SEJA forte e corajoso.

Josué 1:9

Seja forte e corajoso! Não se apavore, nem se desanime, pois o Senhor, o seu Deus, estará com você por onde você andar. Josué 1:9

Aqui está um estímulo mental de poder tremendo que, se recebido e retido, em seu consciente, dará a você coragem para superar qualquer dificuldade. Nada pode jamais desanimá-lo. Você pode questionar se meras palavras conseguem atingir tão grande resultado, mas nunca subestime a força criativa de uma ideia ativa. Um conceito mental tem mais voltagem do que a eletricidade. As civilizações são mudadas por ideias. Portanto, tome cuidado com uma ideia cuja hora tenha chegado.

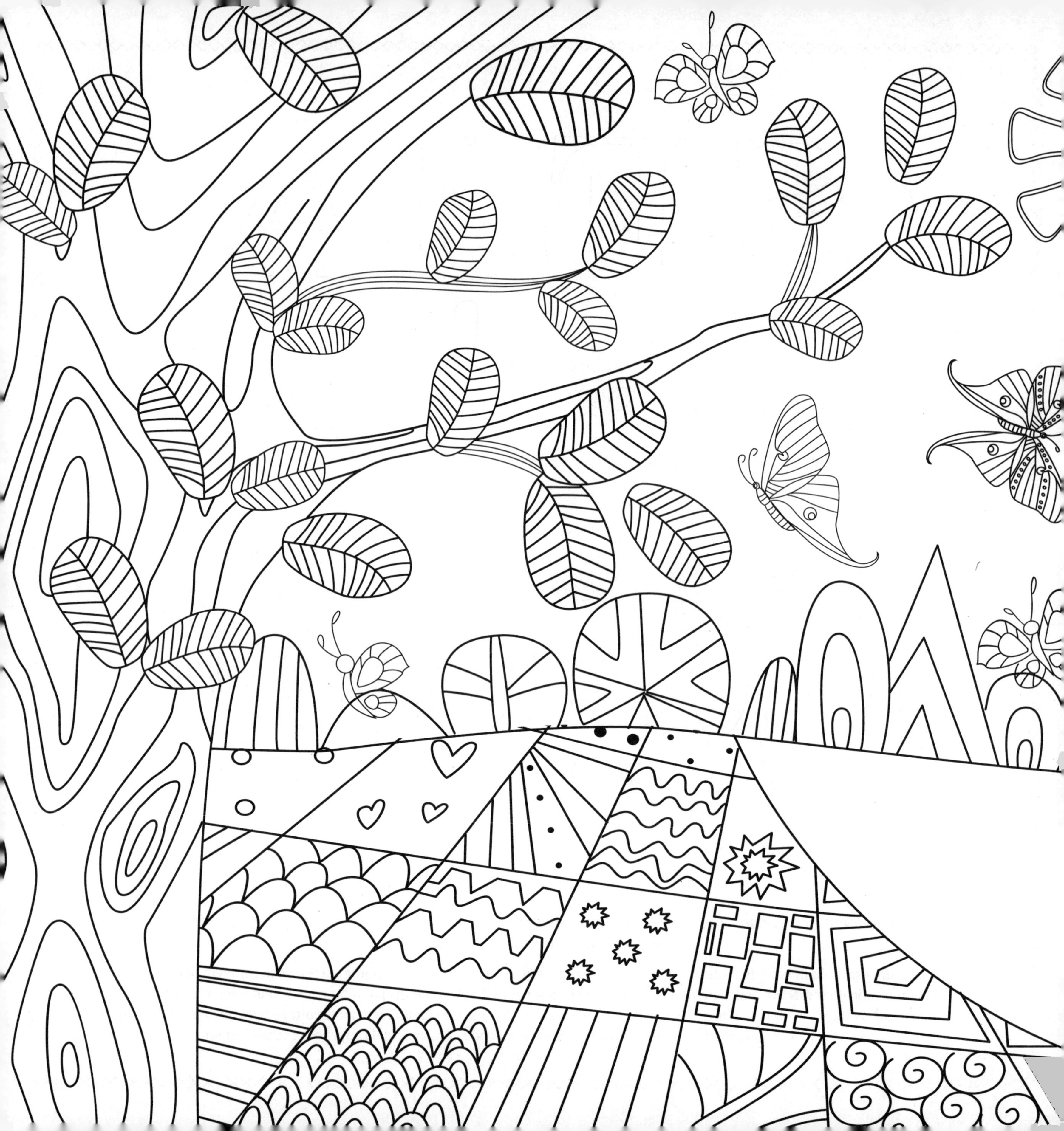

Venham a mim, todos os que estão cansados e sobrecarregados, e eu lhes darei descanso. Mateus 11:28

Talvez a tensão e o fardo da vida o tenham exaurido. Se for o caso, talvez você esteja levando a vida como um fardo. Nós nos cansamos primeiramente em nossa mente.

Permita que este texto se dissolva em seus pensamentos como um tipo de pastilha espiritual. Conforme você se volta para Jesus, em seus pensamentos, Ele vai lhe dar paz. E como Ele faz isso? Uma maneira é lhe mostrando como trabalhar.

"Aprendam de mim", diz Ele. Em outras palavras, trabalhe com o método dEle. "Meu jugo é suave e o meu fardo é leve" (Mateus 11:29-30). Quer dizer, vá com calma. Não exagere, não se exalte; relaxe. Faça um serviço de cada vez usando um toque de leveza — a tática é simples.

FAÇA tudo com AMOR.

Amem os seus inimigos e orem por aqueles que os perseguem. Mateus 5:44

Faça uma lista de todas as pessoas que magoaram e maltrataram você ou de quem você não gosta. Depois, ore por cada uma pelo nome e, sinceramente, pratique perdoar cada uma delas. Peça ao Senhor para abençoá-las.

Diga ao Senhor que você está sendo sincero nisso. Rejeite o pensamento de que, afinal de contas, você está "justificado" em seu ressentimento. Depois, fale bondosamente sobre essas pessoas com os outros. Saia do seu caminho para ajudá-las.

Com o tempo, isso romperá muitas barreiras; mas, mesmo que não, o efeito sobre você será incrível: limpará o canal pelo qual o poder espiritual flui através de você.

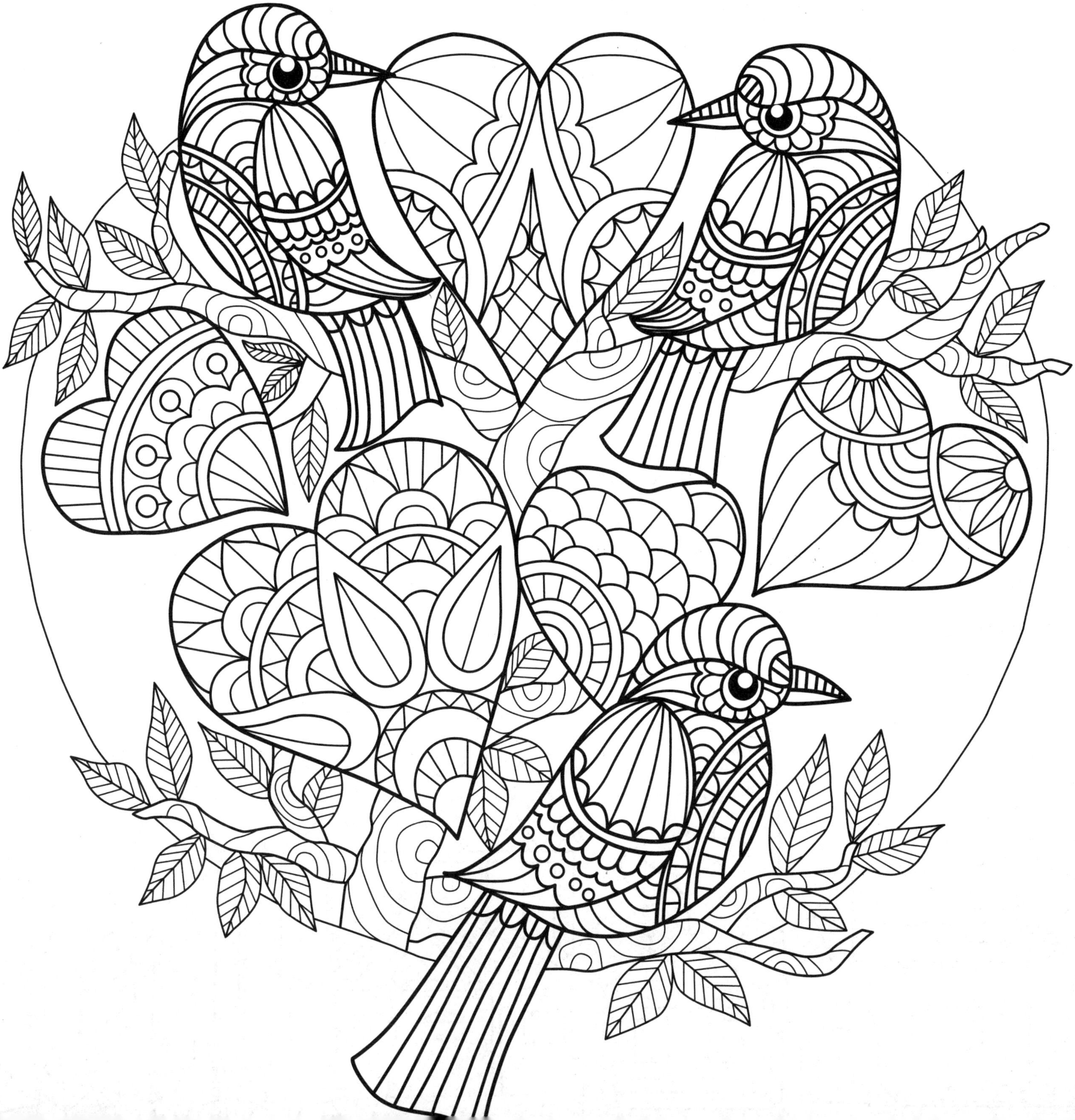

O que o homem semear, isso também colherá. Gálatas 6:7

Deem graças ao Senhor, porque ele é bom. O seu amor dura para sempre!

Salmos 136:1

HUMILDADE

O Senhor é o meu Pastor, nada me Faltará.

Salmos 23:1

OBEDIENCIA

Ele fortalece o cansado e dá grande vigor ao que está sem forças. Isaías 40:29

Agindo D·E·U·S quem impedirá?

Isaías 43:13

O que é impossível para os homens é possível para Deus. Lucas 18:27

Dimensione o seu problema, ore a respeito dele, faça tudo que você puder a respeito dele. Se esse problema parecer impossível, não desista; afirme: "O que é impossível para os homens é possível para Deus".
Fique tranquilo. Não se preocupe. Evite entrar em pânico. Nunca pense "Isso não pode ser feito".
Declare: "Isso pode ser feito e está sendo feito, porque Deus o está fazendo através de mim".
Afirme que o processo está em andamento. O resultado final pode não ser inteiramente o que você deseja agora, mas, tratado dessa maneira, a solução será o que Deus quer que seja.

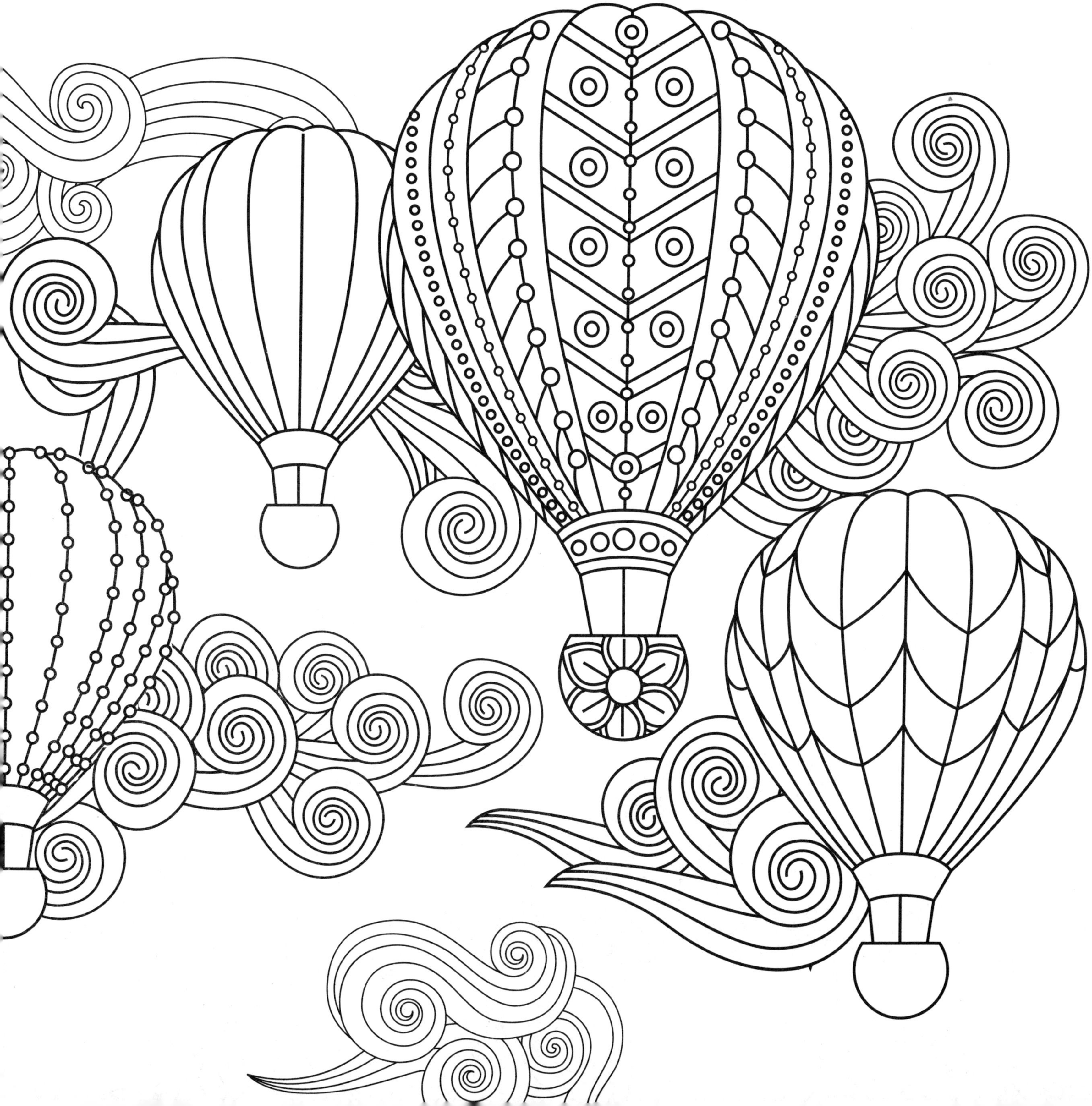

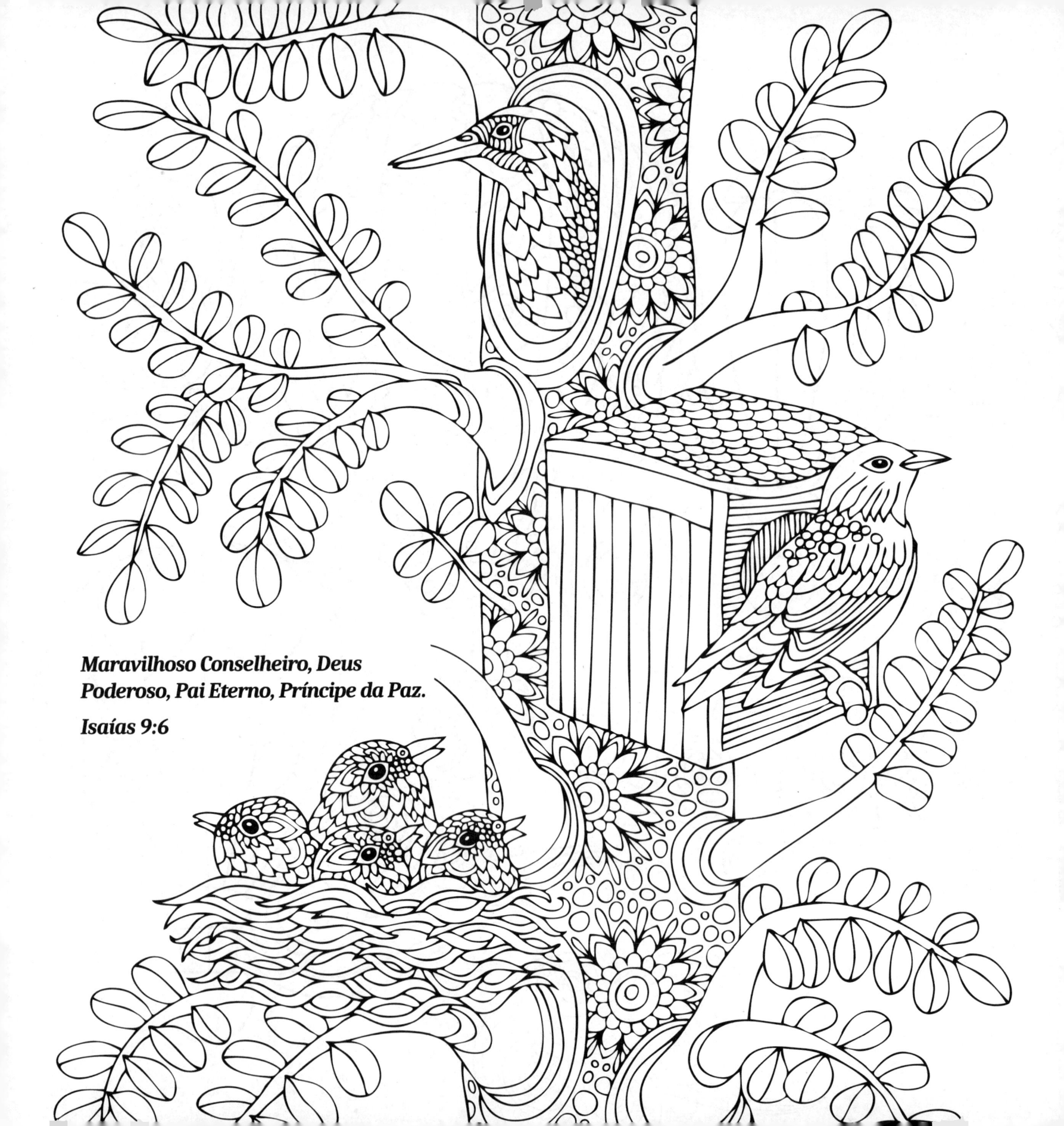

Maravilhoso Conselheiro, Deus Poderoso, Pai Eterno, Príncipe da Paz.

Isaías 9:6

Deus é o nosso Refúgio.

Salmos 46:1

Transformem-se pela renovação da sua mente, para que sejam capazes de experimentar e comprovar a boa, agradável e perfeita vontade de Deus.

Romanos 12:2

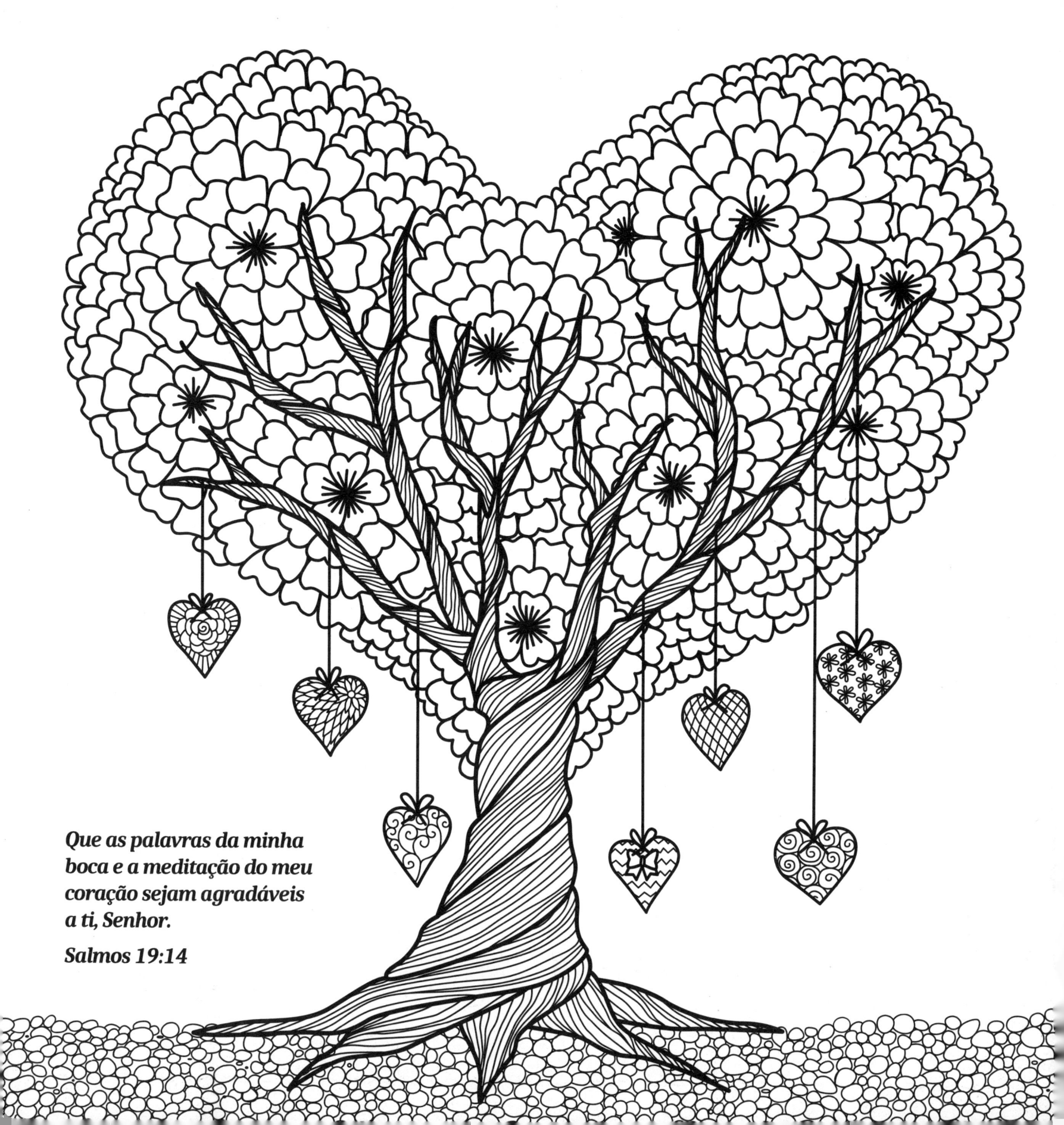

Que as palavras da minha boca e a meditação do meu coração sejam agradáveis a ti, Senhor.

Salmos 19:14

O choro dura uma NOITE mas a ALEGRIA vem pela manhã.

Salmos 30:5

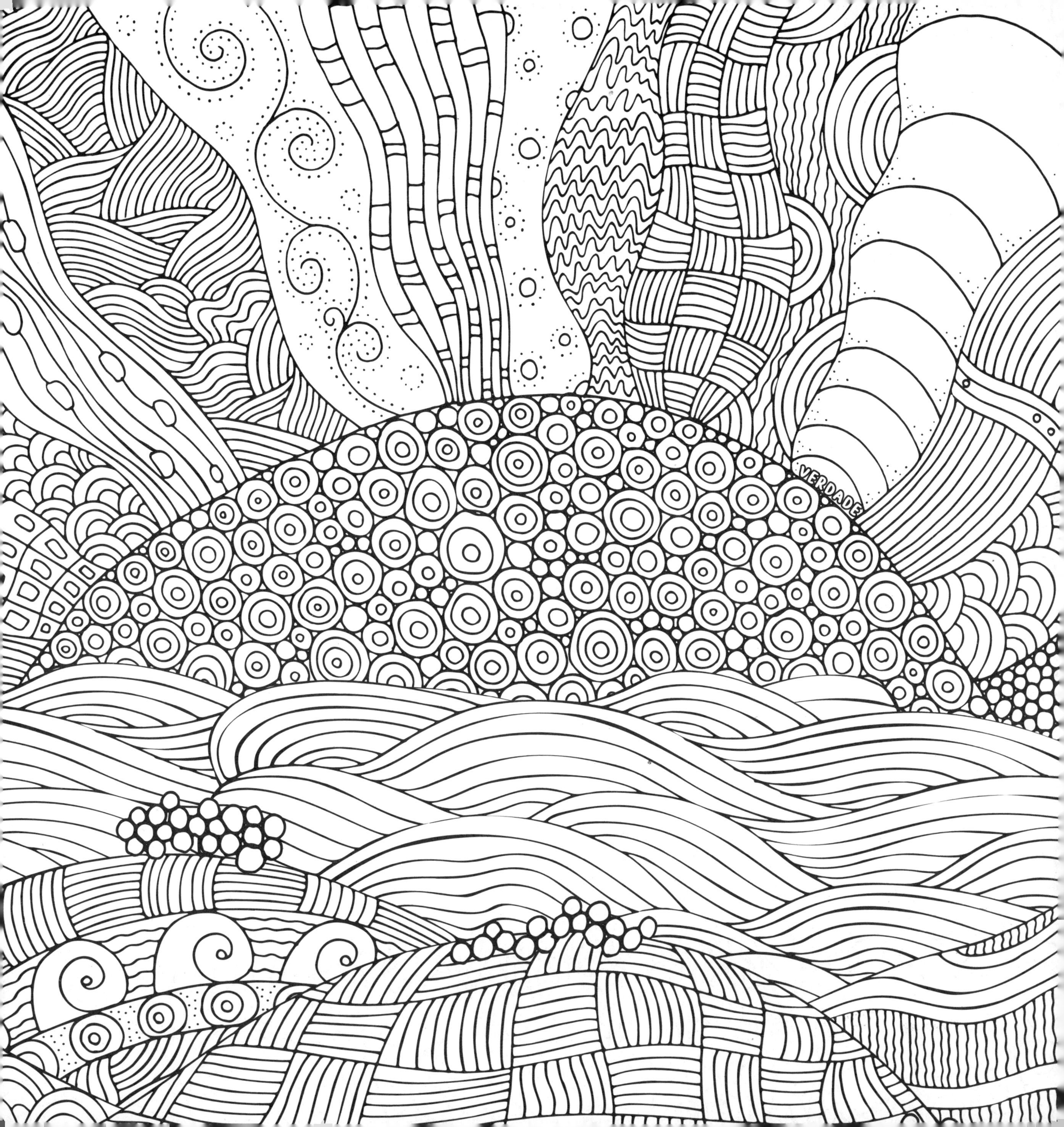
VERDADE

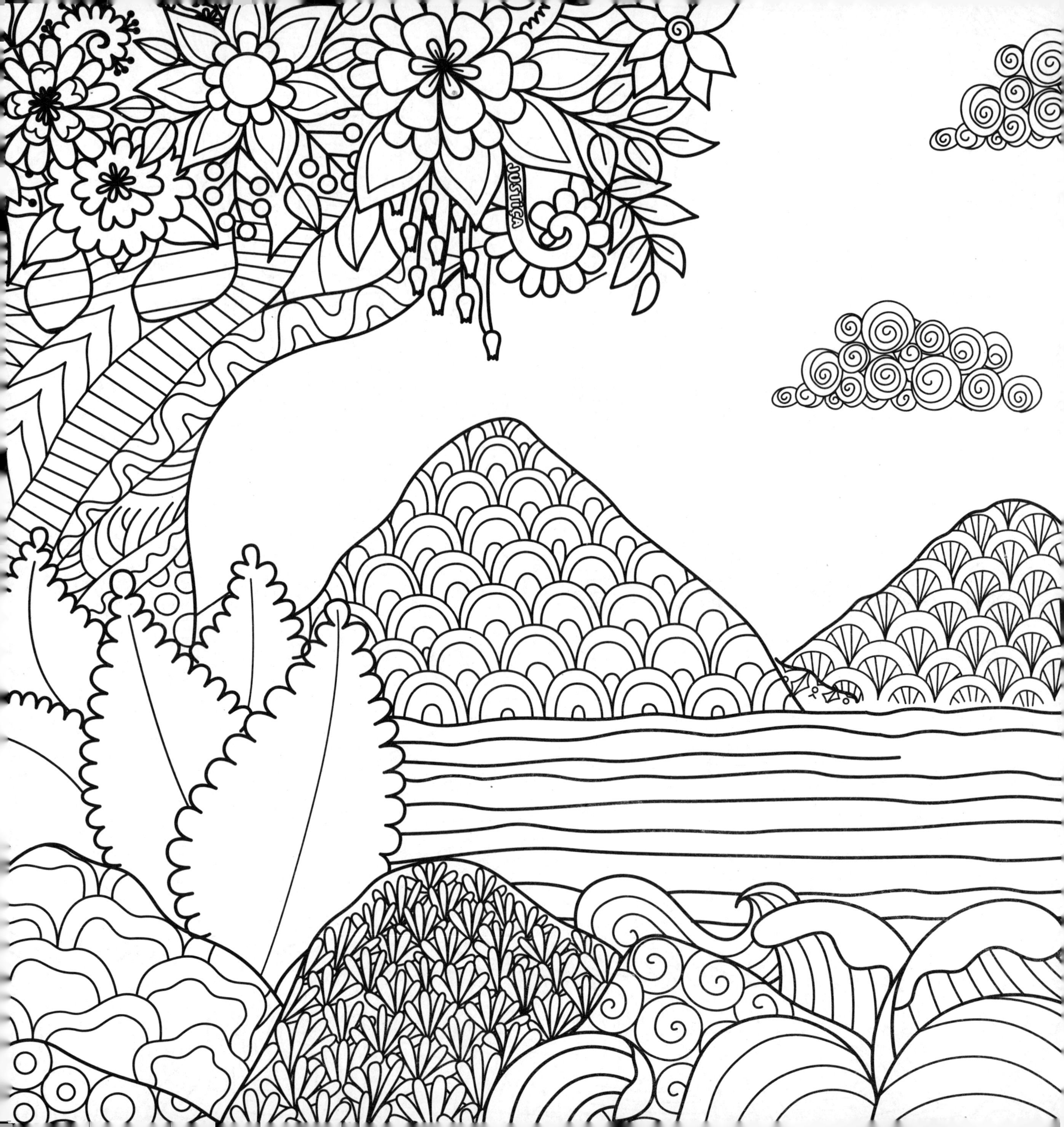
JUSTIÇA

Mas uma coisa faço: esquecendo-me das coisas que ficaram para trás e avançando para as que estão adiante, prossigo para o alvo, a fim de ganhar o prêmio do chamado celestial de Deus em Cristo Jesus. Filipenses 3:13-14

Toda pessoa, se quiser ter saúde mental e uma vida bem-sucedida, precisará se afastar dos fracassos e erros passados e ir adiante, sem deixá-los ser um peso sobre essa. Vire as costas para eles; coloque-os fora de seus pensamentos.

A arte de esquecer é uma das maiores artes conhecidas do homem. Que fracassos você tem em sua mente? Que desilusões você está carregando por aí consigo? Quais sofrimentos, lembranças dolorosas? Faça deste dia a hora da virada para uma vida nova e melhor, colocando todas essas coisas totalmente fora de sua mente. Afaste-se delas e as esqueça entregando-as para Deus e confiando em Seu amor, Sua providência, Sua orientação.

Descanse somente em Deus, ó minha alma; dele vem a minha esperança.

Salmos 62:5

Tu me farás conhecer a vereda da vida, a alegria plena da tua presença, eterno prazer à tua direita.

Salmos 16:11

HONESTIDADE

O REINO DE DEUS está dentro de vós.

Lucas 17:21

O reino de Deus está dentro de vós. Lucas 17:21

Quando você estiver cheio de dúvidas e dominado pelo medo, não desista.
Não diga: "Não consigo. Está além de mim!".
Você tem sim um "eu" bem grande dentro de si... Tem o Reino de Deus dentro de você!
Deus colocou em sua personalidade toda a habilidade de que você precisa. Você só tem que acreditar em si, e sua força interior será liberada. Então, afirme: "A abundância, a paz e o poder de Deus estão dentro de mim. Não me falta nada".

Aquietai-vos, e sabei que eu sou Deus.

Salmos 46:10

Pois nele vivemos, nos movemos e existimos.

Atos 17:28

Entregue o seu caminho ao Senhor; confie nele, e ele agirá.

Salmos 37:5

O Amor lança fora o medo.

1 João 4:18

Pois Deus não nos deu espírito de covardia, mas de poder, de amor e de equilíbrio. 2 Timóteo 1:7

Os seus medos podem ser curados. Este texto nos diz, primeiramente, que o medo é superado pelo poder. Que poder? O poder da fé e do amor. Quando o medo vier à sua mente, rechace-o com uma afirmação de fé.

Em segundo lugar, o amor supera o medo. Por amor quero dizer crença, confiança e dependência completa de Deus. Pratique essa atitude e o medo diminuirá. O terceiro elemento é obter uma mente sã, na qual não existam complexos, caprichos ou obsessões.

Viva com o pensamento de Deus e você desenvolverá esta mente, na qual nenhum medo sombrio pode espreitar.

Sempre que estiver com medo, verbalize contra a coisa que você teme declarando as palavras deste texto.

Eu sou a ressurreição e a vida. Aquele que crê em mim, ainda que morra, viverá.

João 11:25

Pois estou convencido de que nem morte nem vida, nem anjos nem demônios, nem o presente nem o futuro, nem quaisquer poderes, nem altura nem profundidade, nem qualquer outra coisa na criação será capaz de nos separar do amor de Deus que está em Cristo Jesus, nosso Senhor.

Romanos 8:38-39

Essas palavras querem dizer que, não importa o que aconteça, nada pode separar você do amor e da proteção de Deus. Quando a jornada estiver difícil, quando as dificuldades aumentarem, quando as pressões forem grandes, quando as oposições forem devastadoras, o cristianismo nos diz que, pela fé em Deus e pelo compromisso com Jesus Cristo, nós temos dentro de nós tudo que é necessário para lidar com qualquer coisa que está fora de nós.

O segredo é desenvolver, em nossa mente, dia após dia, o conhecimento e a compreensão da presença de Deus e do amor dEle por você. Insista nisso mentalmente, até que se torne um fato inabalável.

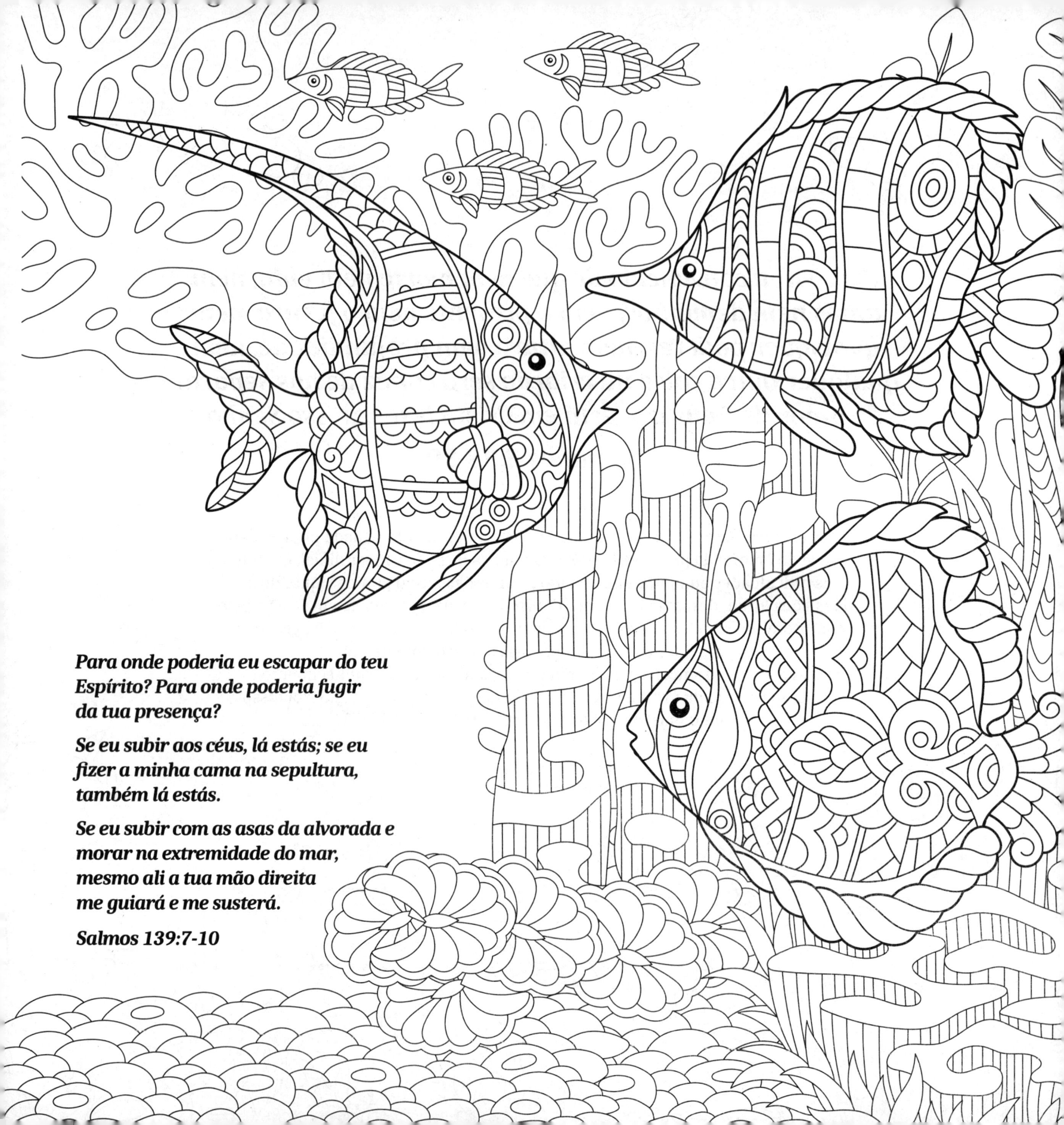

Para onde poderia eu escapar do teu Espírito? Para onde poderia fugir da tua presença?

Se eu subir aos céus, lá estás; se eu fizer a minha cama na sepultura, também lá estás.

Se eu subir com as asas da alvorada e morar na extremidade do mar, mesmo ali a tua mão direita me guiará e me susterá.

Salmos 139:7-10

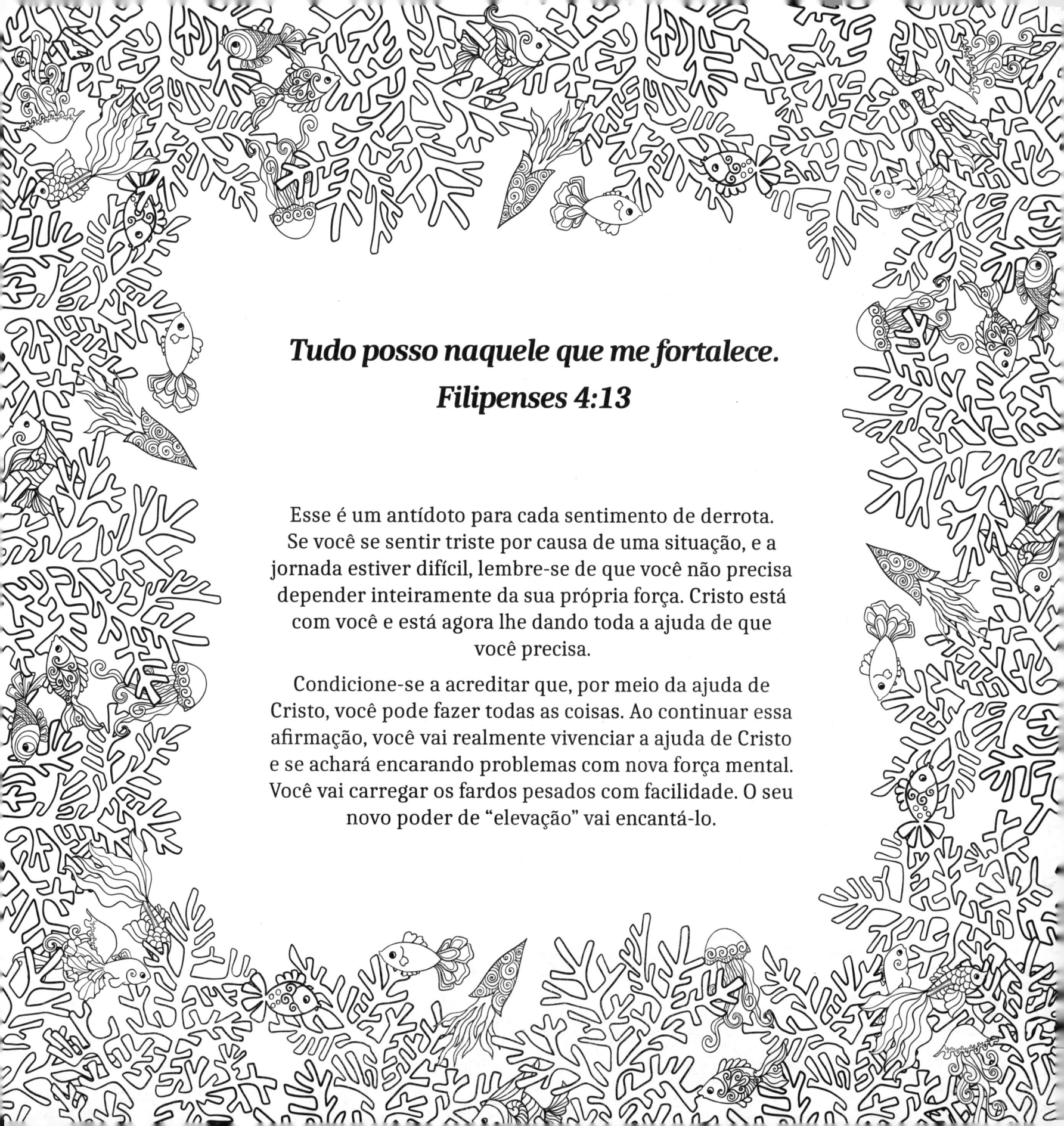

Tudo posso naquele que me fortalece.
Filipenses 4:13

Esse é um antídoto para cada sentimento de derrota. Se você se sentir triste por causa de uma situação, e a jornada estiver difícil, lembre-se de que você não precisa depender inteiramente da sua própria força. Cristo está com você e está agora lhe dando toda a ajuda de que você precisa.

Condicione-se a acreditar que, por meio da ajuda de Cristo, você pode fazer todas as coisas. Ao continuar essa afirmação, você vai realmente vivenciar a ajuda de Cristo e se achará encarando problemas com nova força mental. Você vai carregar os fardos pesados com facilidade. O seu novo poder de "elevação" vai encantá-lo.

Pois será como a árvore plantada junto a ribeiros de águas, a qual dá o seu fruto no seu tempo; as suas folhas não cairão, e tudo quanto fizer prosperará. Salmos 1:3

Pois aprendi a adaptar-me a toda e qualquer circunstância.
Filipenses 4:11

A sua situação atual pode não ser do seu agrado. Talvez você esteja insatisfeito e desanimado. Coloque o assunto nas mãos de Deus. Se Ele quiser você em outro lugar, Ele o guiará até lá, desde que você esteja submisso à Sua vontade.

No entanto, talvez Ele queira você onde você está. Nesse caso, Ele ajudará você a se ajustar à situação. Ele o deixará alegre e grato pelas oportunidades atuais. Aprenda a grande arte de fazer o melhor que você pode, com o que você tem, onde você está.

Quando se faz isso, aprende-se a alcançar uma condição melhor ou a tornar melhor a situação atual.

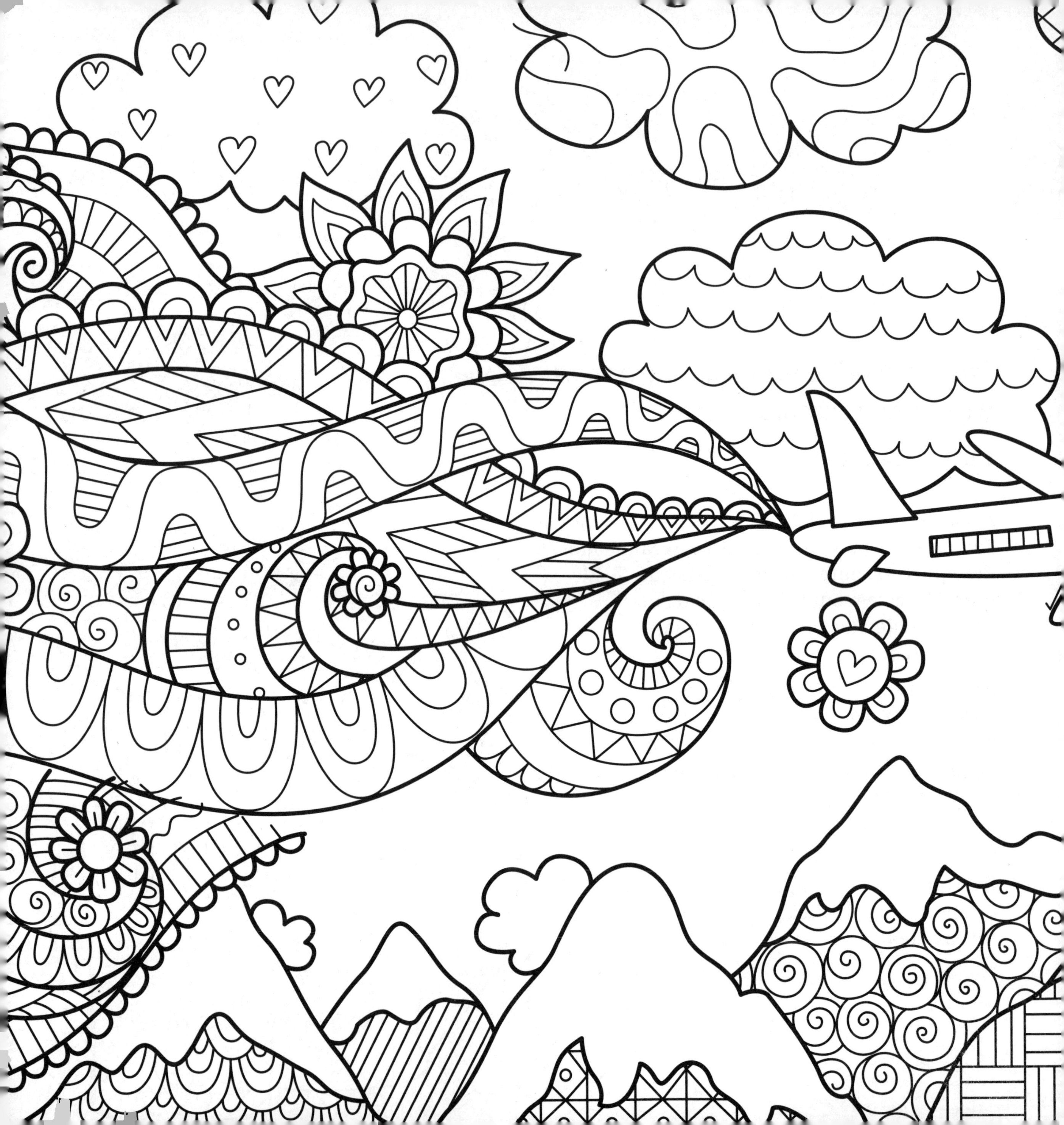

Para a LIBERDADE foi que CRISTO nos libertou.

Gálatas 5:1

Jesus é o caminho, a Verdade e a Vida.

João 14:6

GRATIDÃO

Aquele que habita no abrigo do Altíssimo e descansa à sombra do Todo-poderoso pode dizer ao Senhor: Tu és o meu refúgio e a minha fortaleza, o meu Deus, em quem confio. Salmos 91:1-2